LE
COMTE DE St. RONAN,

OU

L'ÉCOLE ET LE CHATEAU,

COMÉDIE EN DEUX ACTES, MÊLÉE DE VAUDEVILLES;

PAR MM. SCRIBE ET DUPIN,

REPRÉSENTÉE, POUR LA PREMIÈRE FOIS,

SUR LE THÉATRE DU PALAIS-ROYAL,

LE 21 JUIN 1831.

PRIX : 2 FRANCS.

PARIS.

BEZOU, LIBRAIRE,

BOULEVARD SAINT-MARTIN, Nº. 29,

vis-à-vis le nouveau théâtre de l'Ambigu-Comique.

1831.

PERSONNAGES.	ACTEURS.
Lord CHARLES, comte de Saint-Ronan...............................	M. Auguste Roland.
DICKSON, maître d'école......	M. Samson.
JAQUES, charpentier...........	M. Lepeintre, aîné.
Mme PATRICE...............	Mme Toby.
MARIE......................	Mlle Pernon.
THOMAS....................	M. Allard.
TRIM.......................	M. Beau.

IMPRIMERIE DE CHASSAIGNON, rue
Gît-le-Cœur, n. 7.

LE
COMTE DE S. RONAN,

COMÉDIE EN DEUX ACTES, MÊLÉE DE VAUDEVILLES.

ooooooooooooooooooooooooooooooooooooooooooooooooo

Le Théâtre représente la maison du maître d'école. — Au lever
dn rideau, il est au milieu du théâtre, devant une petite table.
A droite et à gauche sont des bancs, sur lesquels sont assis
Thomas, Trim, Jaques, Marie, et autres gens du village.

ooooooooooooooooooooooooooooooooooooooooooooooooo

SCÈNE PREMIERE.

DICKSON, JAQUES, TRIM, ÉCOLIERS.

DICKSON

Mes compatriotes et mes élèves, vous pouvez me croire;
car je sais lire, et vous ne le savez pas. Jamais vous n'avez
eu la tête plus dure : depuis une heure que je parle, vous
n'y comprenez rien, et je recommencerais, que ce serait
exactement la même chose. A ces causes, nous avons décidé, qu'à dater d'aujourd'hui, l'esprit et l'instruction, que
je vous vendais à raison de deux schellings par tête, seraient portés à trois schellings par mois.

TOUS.

Ah! monsieur Dickson!...

DICKSON.

Ce n'est pas pour moi... c'est pour vous!... Ainsi
Thomas, qui es un des fermiers de M. le comte de Saint-
Ronan, tu sais bien que quand le terrain est mauvais, il
faut redoubler d'engrais... ce qui est plus cher... à moins
que vous n'aimiez mieux que je n'en mette pas... c'est
comme vous voudrez... ça m'est égal... parce que j'ai de
la science à tout prix; et ça me restera en magasin.

TOM.

Non., monsieur Dickson. Mais je paie déjà la matin et le soir une classe pour moi.... et puis les impôts sont si chers, et les fermages si élevés....

DICKSON.

Voilà le mal.

AIR : *La Robe.*

De la fortune, les caprices
Devraient tomber sur chacun tour à tour ;
Elle commet d'horribles injustices,
Et nous serions, avant la fin du jour,
Si l'on suivait mes plans philosophiques,
Tous grands seigneurs , égaux en dignité.

JAQUES.

Et l's anciens maîtr'...

JACKSON.

Seraient nos domestiques ;
Car , avant tout, j'aime l'égalité.

TRIM.

Il a raison... c'est un homme de tête... Tout va mal... car enfin , je ne gagne que cinq schellings par jour. M. Tyne, le manufacturier, ne donne que ça à moi, et à deux cents ouvriers qu'il fait vivre.

JAQUES.

C'est plus qu'ailleurs.

TRIM.

La belle avance ! auprès de lui, qui a trois ou quatre mille guinées de rente pour lui tout seul... c'est une injustice !

DICKSON.

C'est votre faute... Si on faisait augmenter les journées, si on diminuait les fermages , tout irait mieux ; et les maîtres d'école se feraient payer une demi-guinée par mois.

JAQUES.

Et que diable vas-tu nous chanter ! Tu es ici pour nous apprendre à lire et à écrire, et tu ne nous en dis jamais un mot.

DICKSON.

Tais-toi, Jaques , tais-toi... tu ne seras jamais qu'un

bon charpentier, et pas autre chose... Moi, vois-tu bien, je lis les journaux de Londres... je suis un radical.

JAQUES.

Tu es un maître d'école.

DICKSON.

C'est justement ça.

AIR : *De la Chanson.*

Ici j'ai le monopole,
De l'esprit et des talens,
Et, comme maître d'école,
A mes élèves j'apprends :
A crier, à ne rien faire,
Surtout à ne payer rien...
En un mot je les éclaire
Sur leurs droits de citoyen.

TOUS.

Il a raison... Vive Dickson!

DICKSON.

Mes chers écoliers, je suis sensible à cet enthousiasme populaire, à ces acclamations aussi franches que désintéressées... Je ne crois pas pouvoir mieux les reconnaître, qu'en vous disant que la classe est finie; car c'est l'heure où madame Patrice, cette honnête veuve chez laquelle je suis logé m'apprête, d'habitude, mon déjeûner... A ce soir sept heures! et n'oubliez pas ce que je vous ai appris... c'est-à-dire, qu'à dater de demain, ce sera sur le pied de trois schellings... c'est convenu.

TRIM.

Oui, monsieur Dickson.

DICKSON.

Quant à toi, Trim, mon garçon, qui es un de mes meilleurs élèves, voilà deux mois que tu me dois... Tu ne le sais peut-être pas?

TRIM.

Si, monsieur Dickson, je le sais bien; mais je n'ai pas intention d'y penser.

DICKSON.

Et pourquoi?

TRIM.

Puisque vous dites qu'il ne faut payer personnne... autant commencer par vous,

DICKSON.

AIR : *Ces postillons sont d'un' maladresse.*

Qu'entends-je! ô ciel! et quelle est ma surprise...
Ah! c'est trop fort; parbleu! tu me paîras.

TRIM.

Non, ma résolution est prise,
Monsieur Dickson, je ne vous paîrai pas.

TOUS.

Ni moi non plus.

DICKSON.

Voyez donc les ingrats...
Ah! quel chagrin en ce moment j'éprouve,
Après le mal que chacun m'a coûté!
Et mes leçons...

JAQUES.

Au moins cela te prouve
Qu'ils en ont profité.

TOUS.

C'est juste, nous ne paierons rien.

DICKSON.

Air de la Muette.

C'est une horreur... on me pille, on me vole,
Je vous fais tous arrêter en ces lieux.
Quoi? la révolte est donc dans mon école?
On ne voit plus que des séditieux.

CHŒUR, *en le menaçant.*

C'est décidé, Monsieur le maître d'école,
Ne pas payer, nous paraît beaucoup mieux;
Mais il n'faut pas tant élever la parole,
Ou nous tapons en vrais séditieux.

(*On entend un roulement de tambour au dehors. Tout le monde écoute.*)

SCENE II.

LES MÊMES, Mme PATRICE, MARIE.

Mme PATRICE.

Comment, vous n'entendez pas ?

DICKSON.

Qu'y a-t-il donc, madame Patrice ?

Mme PATRICE.

Ma nièce, Marie, dit que tous les jeunes gens sont ras-
emblés sur la place, et que c'est ce matin qu'on tire à la
milice.

JAQUES.

Eh bien, vous qui vouliez tous vous battre... voilà une
occasion.

MARIE.

Ils sont là... les sergens, les tambours... ça m'a toute
effrayée.

DICKSON.

Qu'est-ce que ça vous fait ?... Les femmes n'en sont
as.

MARIE.

Mais vous et monsieur Jaques, votre ami ?

DICKSON.

Jaques a fait son temps, c'est un ancien matelot; et moi,
comme élève externe de l'Université de Cambridge, comme
professeur des belles-lettres, ça ne me regarde pas...
(*Aux paysans.*) Vous autres, c'est différent.

JAQUES.

AIR : *Entendez-vous ?* (la Fiancée.)

Entendez-vous ? c'est le tambour
Qui vous appelle,
Doublez de zèle;
D'être soldat, c'est votre tour.

DICKSON.

Pour moi, je reste en ce séjour.

Pour la milice, allons partez,
Je ne crains rien.

MARIE.

Pourquoi ? de grâce.

DICKSON.

Les gens d'esprit sont exemptés.

MARIE.

Moi, j'aurais peur à votre place.

CHŒUR.

Entendez-vous, etc.

(*Ils sortent tous.*)

SCÈNE III.

DICKSON, JACQUES, MARIE et Mme PATRICE,
qui s'occupent du ménage.

DICKSON.

Pourvu qu'ils n'aillent pas tous tomber au sort!... La
milice! la milice! encore une belle invention!... Je vous
demande à quoi ça sert? A m'enlever des écoliers... et
voilà tout.

JAQUES.

Vas-tu encore recommencer... Ecoute, Dickson, tu es
un brave garçon... mais tu as un défaut... c'est que tu
n'es jamais content de rien.

DICKSON.

Et toi, Jaques, tu en as un autre... c'est que tu es content de tout.

JAQUES.

C'est le moyen d'être heureux... Si, comme tu le de-
mandais tout-à-l'heure, tout le monde était grands seigneurs, il n'y aurait plus de charpentiers, et ce serait
dommage; car c'est un bel état.

DICKSON.

Qui te donne à peine de quoi vivre.

JACQUES.

Chaque jour amène son pain... Après cela, je ne gagne

pas tant que toi, je le sais bien... Qu'importe! il y en a
de plus pauvres.

DICKSON.

Tu n'as rien.

JAQUES.

J'ai mes deux bras, et tout le monde ne les a pas...
Témoin mon pauvre père, qui autrefois en a perdu un à
l'abordage, et qu'il faut nourrir... Enfin, j'en suis venu à
bout jusqu'à présent, et tant que j'aurai de la santé, des
amis, et rien à me reprocher, je dirai chaque soir : Dieu
soit loué! il y en a de plus à plaindre que moi.

Mme PATRICE.

Il n'y en a pas, du moins, qui soit plus aimé dans le
village... et vous rendez service à tous... A commencer
par monsieur Dickson lui-même, à qui vous avez sauvé
assez de coups de poing.

JAQUES.

Ça, c'est vrai... Pour un homme de talent, il boxe assez
mal... de plus, il est hargneux... et s'il n'avait souvent
que son mérite pour se défendre...

DICKSON.

Je le crois bien... des imbéciles qui ne savent pas ma-
nier une plume, qui ne distingueraient pas leur droite
d'avec leur gauche... (*Faisant le geste de boxer*) et qui
y vont des deux mains... Eh bien! madame Patrice, ce
déjeûner arrive-t-il?

Mme PATRICE, *au fond du théâtre, et qui a déjà mis une
nappe sur une petite table.*

Ne vous impatientez pas, monsieur Dickson, cela sera
prêt dans l'instant... Vite, Marie, descends à la laiterie.

MARIE.

Oui, ma tante... Monsieur Jaques déjeûnera-t-il avec
monsieur Dickson?

JAQUES.

Merci, Mademoiselle... j'ai deux mots à lui dire, et puis
je retourne à l'ouvrage. (*Marie sort.*) D'ailleurs, il me
faut, à moi, du solide; et non pas comme à lui des frian-
dises... car madame Patrice te gâte... toujours du thé,
ou des pouddings.

St.-Ronan.   2

Mme PATRICE.

Hélas ! je fais de mon mieux... j'ai peur seulement que celui d'aujourd'hui ne soit trop saisi.

DICKSON.

Parce que vous ne faites attention à rien... que vous pensez à autre chose

Mme PATRICE, *avec tendresse.*

C'est possible !... Mais est-ce à vous, Dickson, à me le reprocher ?   (*Elle s'éloigne.*)

JAQUES.

Elle a raison, et tu es un ingrat... Elle t'aime tant, cette chère madame Patrice.

DICKSON.

Elle m'aime trop..... non pas que cela m'étonne : car étant le seul de ce village qui ait de l'esprit, sans compter les qualités extérieures, dont tout le monde peut juger... Il est tout simple que j'aie fixé les inclinations d'une veuve qui s'y connaît... et quoiqu'elle soit d'une beauté douteuse, et d'un âge certain...

JAQUES.

Trente-six ans, pas davantage.

DICKSON.

C'est possible... J'avoue que d'abord cela m'avait flatté ; parce qu'il y a du charme à se laisser aimer.

JAQUES.

S'il n'y avait que cela... Mais tu oublies qu'elle t'a été utile, qu'elle t'a logé chez elle...

DICKSON.

Je ne dis pas non.

JAQUES.

Le peu d'argent qu'elle avait, elle te l'a prêté pour établir ton école.

DICKSON.

C'est vrai.

Air de Préville.

Je n'ai jamais prétendu m'en défendre.

JAQUES.

Tu le lui dois même encor aujourd'hui,
Et cet argent, ne pouvant pas lui rendre,
Tu lui promis de d'venir son mari.

DICKSON.

Pour m'acquitter , unir nos deux personnes ,
Et me donner moi-même... En vérité
C'est bien payé...

JAQUES.

J'en ai toujours douté ;
Car p'têtre ben , sur ce que tu lui donnes,
Elle n'pourrait pas trouver c'qu'elle a prêté.

DICKSON.

Je conviens que c'est la meilleure femme du monde...
honnête , vertueuse, faisant les pudings , et les confitures
de cerises dans la perfection... Enfin, il y a mille et une
raisons pour que j'aie de l'amour pour elle... Eh bien! je
n'en ai pas.

JAQUES.

Et pourquoi ?

DICKSON...

D'abord... j'avais toujours rêvé une grande fortune...
une alliance brillante, digne de ma famille.

JAQUES.

Tu n'en as pas..... Tu es un enfant trouvé, que la pa-
roisse a élevé.

DICKSON.

Qu'est-ce que cela fait ?... Absents ou non , j'ai toujours
eu des parens.

JAQUES.

Tu ne les connais pas.

DICKSON,

Raison de plus... c'est ce qui fait mon avantage... Ne
les connaissant pas, ça peut être des princes, des ducs,
ou des marquis... et j'ai toujours dans l'esprit qu'il m'ar-
rivera quelque titre et quelque fortune.

JAQUES.

Eh bien! tant mieux ; tu en feras profiter tes amis... et
comme tu n'en as pas de meilleur que madame Patrice...

DICKSON.

Peut-être..... Et j'ai idée, au contraire , qu'il y a une
autre personne que j'aimerais mieux qu'elle.

JAQUES.

Mauvaise idée..... qu'il faut chasser..... un honnête

homme n'a que sa parole.... Tu as promis qu'elle serait ta femme, il faut qu'elle le soit.

DICKSON.

Il en parle à son aise; il croit qu'on se marie comme cela... Je voudrais bien t'y voir.

JAQUES.

Il ne tient qu'à toi... car il y a justement à ce sujet un service qu'il faut que tu me rendes... Il y a une jeune fille que j'aime depuis long-temps...

AIR : *Amis, voici la riante semaine.*

C'n'est pas assez pour faire un mariage;
Mais j'étais jeune, et dans le fond du cœur
Je me promis, pour entrer en ménage,
D'attendr' d'abord, et fortune et bonheur;
Mais la fortune, à nos vœux est rebelle;
A forc' d'attendre on deviendrait trop vieux,
Ell' s'pass' de nous, ma foi passons nous d'elle,
Et commençons d'abord par être heureux.

DICKSON, *froidement.*

Comme tu voudras, c'est au choix des personnes.

JAQUES.

Eh bien... alors... et plus tôt que plus tard, fais - moi le plaisir de la demander pour moi, en mariage à sa tante.

DICKSON.

A qui donc?

JAQUES.

A madame Patrice.

DICKSON.

Comment ce serait...

JAQUES.

La petite Marie...

DICKSON.

Eh bien... par exemple...

JAQUES.

Qu'est-ce que tu as donc?

DICKSON.

Rien..... Mais cette idée, à laquelle je ne m'attendais pas...

JAQUES.

C'te idée de devenir mon oncle...

DICKSON.

Justement.

JAQUES.

Ça se trouvera au contraire à merveille... Nous ferons
les deux noces ensemble, ça fera une économie.

DICKSON, à part.

Oui..... une économie de bonheur; car il n'y en aura
guère.

JAQUES.

Voilà madame Patrice, qui rentre avec ton déjeûner...
Je retourne à l'ouvrage... Arrange ça pour le mieux...
Je reviendrai sur le midi, savoir sa réponse..... Adieu,
mon garçon..., en te remerciant. (Il sort.)

SCÈNE IV.

Mᵐᵉ PATRICE, *qui est entrée, et qui a approché la table;*
DICKSON.

DICKSON, à part.

C'est commode!... C'est à moi de faire ses affaires...
comme s'il ne pouvait pas s'en charger lui-même... Aussi,
je suis d'une humeur...

Mᵐᵉ PATRICE.

Asséyez-vous là, voici votre déjeûner.

DICKSON.

C'est bien heureux.

Mᵐᵉ PATRICE.

Pourvu que vous le trouviez bon.

DICKSON.

Que ça ne vous inquiète pas... Vaquez à vos occupations.

Mᵐᵉ PATRICE, *prenant une chaise.*

J'aime mieux rester là, près de vous... à vous regarder manger; ça me fait plaisir.

DICKSON.

Est-ce ennuyeux d'être aimé à ce point là! (*Voyant ma-*

dame Patrice qui prend du pain et du beurre.) Voilà qu'elle me fait des tartines, à présent.

Mme PATRICE, *tout en étalant du beurre sur du pain.*

Je vous trouve, ce matin, un air gentil, un air aimable.

DICKSON, *mangeant.*

Elle me trouve aimable... O aveuglement de l'amour!... Qu'est-ce que ce serait donc alors, si je déployais tous mes moyens... Je m'en garderai bien, ce serait à n'y pas tenir.....

Mme PATRICE, *voyant qu'il cherche quelque chose.*

Vous voulez quelque chose?

DICKSON.

Eh! oui, sans doute... Je meurs de soif.

Mme PATICE, *s'empressant.*

Je vais vous verser le thé.

DICKSON.

Et de la crême..... il n'y en a pas..... On ne songe à rien.

SCÈNE V.

LES MÊMES, MARIE, *avec un pot de crême.*

Mme PATRICE.

Arrivez donc, petite fille, arrivez donc; voilà monsieur Dickson qui s'impatiente.

MARIE.

Eh! quand monsieur Dickson attendrait, où est le mal? Vous êtes trop bonne avec lui, et si j'étais à votre place...

Mme PATRICE.

Eh bien?

MARIE.

Au lieu d'être à ses ordres, c'est lui qui serait aux vôtres.

DICKSON, *la regardant avec plaisir.*

Est-elle gentille!... Voilà celle qu'il me faudrait, pour mon bonheur... et si Jaques n'était pas mon ami...

(*Il continue à déjeûner.*)

Mme PATRICE , *de l'autre côté*, *à Marie.*

Pourquoi, je te le demande, as-tu été si long-temps?

MARIE.

C'est que monseigneur sortait du château... Il escortait à cheval une calèche superbe, où étaient des milady, avec de beaux chapeaux à plumes.

DICKSON.

Ces gens-là sont ils heureux !.... Aller en calèche, quand nous allons à pied.

MARIE.

Ah! dam'... le comte de Saint-Ronan est un jeune seigneur qui s'en donne, et qui n'épargne rien.

AIR : *Des Maris.*

Dans le pays, le bonheur date
D'son arrivé', c'est constant.
Jaques, qui l'a vu sur un' frégate,
Assure qu'il est très-vaillant ;
D'autres dis'nt qu'il est d'un haut rang,
Que sa fortune est considérable...
Je l'ignore, et n'peux jurer de rien ;
Mais on prétend qu'il est aimable,
Et pour cela je le sais bien.

DICKSON.

Comment cela?

MARIE.

Il y a un mois, quand nos vaches s'étaient échappées dans le parc, où elles avaient tout dévasté, et que le régisseur les avait retenues pour avoir des dommages - intérêts.....

DICKSON.

Quel abus de pouvoir !

MARIE,

J'ai été au château les redemander, c'est monseigneur qui me les a fait rendre... et cela avec tant de bonté...

DICKSON, *se levant.*

Elle n'en finit pas, avec ses récits.

MARIE.

Chaque fois que je rencontre milord, il me fait des saluts gracieux; et tout-à-l'heure encore, quand j'étais sur le pas de la porte, à les regarder passer, il m'a dit : « Bon-

» jour, la petite Marie. Qu'est-ce que tu tiens là, mon enfant?..
» — C'est de la crême, monseigneur. — Est-elle bonne?
» — Certainement, c'est bon. — Tantôt, en revenant de la
» promenade, je viendrai en prendre chez toi. »

DICKSON.

Et qu'est-ce que vous avez répondu?

MARIE.

J'ai fait la révérence.

DICKSON.

Vous n'avez pas de cœur... Il ne vous aurait plus man-
qué que de lui donner sur-le-champ mon déjeûner.

MARIE.

Je n'y ai pas pensé... car, dans ce moment, le percep-
teur m'a abordée, pour me remettre ce papier, qui vous
regarde, ainsi que ma tante.

Mme PATRICE.

Qu'est-ce que c'est?... Je m'en doutais : les impôts, et
le loyer de l'année... et on va saisir nos meubles.

DICKSON.

Comment, ça n'est pas payé.

Mme PATRICE.

Et avec quoi?... Toutes nos épargnes y ont passé, lors
de votre dernière maladie.

DICKSON.

Dites plutôt que vous n'avez pas d'ordre, d'économie...
Si l'on croit que j'épouserai une femme comme ça...

Mme PATRICE.

Il renonce à ma main... Ah! que je suis malheureuse!

DICKSON.

Allons, la voilà qui pleure... Quand l'amour a cet âge-
là, il n'y a pas moyen de lui faire entendre raison.

SCENE VI.

LES MÊMES, JAQUES.

JAQUES.

Eh bien, qu'y a-t-il donc?... Des cris, des larmes...
Je vois que vous savez la nouvelle... et je croyais être
le premier à vous l'apprendre.

DICKSON.

Tu arrives à propos..... Je ne sais où donner de la tête.

JAQUES.

Et pourquoi donc se désoler? J'en suis bien revenu.... il en reviendra... Il n'y a pas des coups de fusil pour tout le monde.

DICKSON.

Qu'est-ce qu'il dit celui-là?... Est-ce qu'on va percevoir les loyers à coups de fusil? Il ne manquerait plus que cela.

JAQUES.

Qu'est-ce qui te parle de loyers?... Je te parle de la milice, où tu viens de tomber.

DICKSON, *effrayé.*

Hein! qu'est-ce que c'est?

LES DEUX FEMMES, *de même.*

Bonté de dieu!

JACQUES.

Eh bien! ça vous reprend... Je vous croyais déjà résignées...

Mme PATRICE.

Dickson est tombé à la milice!

JAQUES.

A l'instant même... Le sergent recruteur a tiré pour lui... numéro quatre... rien que cela!

MARIE.

Lui qui se croyait exempté, comme adjoint du shérif.

Mme PATRICE.

Et comme maître d'Ecole!

JAQUES.

Ça n'y fait rien... Les petits et les grands, les riches et les pauvres... il n'y a d'exception pour personne.

DICKSON.

Quelle horrible injustice!... Et qu'est-ce que je vais devenir?... Il faudra donc que je parte, que je vous quitte, ma pauvre madame Patrice... moi qui étais si heureux avec vous... qui me trouvais si bien ici.

Mme PATRICE.

Vous rendez donc enfin justice à mon attachement?

DICKSON.

Est-ce que j'en ai jamais douté? est-ce que je désirais
autre chose que de vivre ici, de vous épouser? d'amasser
une petite fortune pour vous, et une dot pour mademoiselle
Marie?

JACQUES.

Il serait possible!

DICKSON.

Oui, mon ami... j'allais lui parler de tes projets de mariage.

MARIE, *avec émotion.*

Que dites-vous?... Quoi! monsieur Jaques...

JAQUES.

C'est une idée que j'avais depuis long-temps.

DICKSON.

Il me l'avait confiée.... C'était arrangé entre nous... et
nous pouvions faire si bon ménage! être si heureux tous
les quatre!...

MARIE.

Cet honnête monsieur Dickson!... Je ne m'en consolerai
jamais.

DICKSON.

Ni moi non plus!... d'autant qu'il faut renoncer à tout
cela... me voilà soldat.

Mme PATRICE.

Je partirai avec vous.

DICKSON.

Ce n'est pas la peine.

Mme PATRICE.

Je préviendrai le danger...

DICKSON.

Bonne madame Patrice! je vous promets de penser à
vous, et de ne point m'exposer... ce n'est pas cela qui
m'inquiète...

JAQUES.

Croyez-vous que je vous laisse dans la peine, quand je
peux vous en retirer?

Mme PATRICE et MARIE.

Que dites-vous?

JAQUES.

Qu'il vous est plus utile que moi!... que je ne suis qu'un

ouvrier, un artisan, qui gagne quatre ou cinq schellings par jour, quand il en gagne cinq ou six fois davantage.

AIR : *De l'Anonyme.*

Oui, son appui vous s'ra plus nécessaire,
Rassurez-vous, je partirai pour lui.

MAD. PATRICE.

Quoi ! vous voulez...

JAQUES.

Au servic' d'l'Angleterre,
Me fair' tuer à la plac' d'un ami ;
Je te recommand' seulement mon vieux père,
Me v'là soldat, sois son fils, son soutien.

MARIE.

Que dites-vous ?...

JAQUES.

C'est tout simple, ma chère,
J'fais son devoir, il faut qu'il fasse l'mien.

DICKSON , *se jetant dans ses bras.*

O amitié! voilà ton triomphe!...

MARIE.

Et moi, je ne le souffrirai pas.

JAQUES.

Si, mademoiselle Marie, il le faut pour notre bonheur à tous... Dans cinq ans je reviendrai.... si vous voulez m'attendre jusques là.

MARIE.

Oh ! toujours! toute la vie!

JAQUES.

Lui, pendant ce temps là, par son travail, par ses talens, aura fait fortune... et alors, nous partagerons en amis et en frères.

DICKSON, *attendri, et avec chaleur.*

Oui, sans doute : et si j'oubliais jamais ce que tu fais aujourd'hui pour moi... si tout ce que je posséderai un jour ne t'appartenait pas... je veux que vous disiez tous que Dickson n'est pas digne de...

JAQUES, *l'interrompant.*

Assez, assez... pas un mot de plus... Est-ce que je doute de toi? est-ce que je ne te connais pas?...

DICKSON, *avec chaleur.*

Non, vous ne me connaissez pas... et j'ai envers vous tous des torts que je veux avouer...

JAQUES, *lui imposant silence.*

C'est dit... tu as tes défauts... chacun a les siens... le meilleur est celui qui en a le moins. Ne parlons plus de ça, et occupons-nous de nos affaires.

Mme PATRICE.

Elles ne sont pas belles... voilà notre loyer qui est échu.

MARIE.

Voilà nos impôts qu'on nous demande.

DICKSON.

Des impôts! toujours des impôts!... A quoi ça sert-y?

JAQUES.

A payer des soldats!... et comme je vais l'être, je veux qu'on me paie.

DICKSON.

Toi, je ne dis pas non... mais les autres?

JAQUES.

Les autres, c'est de même... Si jamais tu es nommé shérif, est-ce que tu exerceras pour rien?... Soldats et magistrats veillent pour nous... travaillons pour eux... ils font leur ouvrage, faisons le nôtre, et tout ira bien... Dieu sauve le roi et le pays!

CHARLES, *en dehors.*

C'est bon! c'est bon!... je m'annoncerai moi-même.

MARIE, *pendant la ritournelle.*

Ah! mon dieu! si j'osais... Laissez-moi, Jaques... laissez-moi avec lui.

ENSEMBLE.

C'est monseigneur, ô sort prospère!
Mes amis, il se rend ici;
Éloignez-vous. Bientôt, j'espère,
Nous obtiendrons son noble appui.

JAQUES.

C'est un seigneur que l'on révère.
Mes amis, etc.

DICKSON.

Dans la maison, que vient-il faire ?
Mes amis, etc.

(*Dickson, Jaques et Mad. Patrice sont entrés dans l'appartement à gauche du spectateur.*)

SCÉNE VII.

MARIE, CHARLES, *qui est entré par la porte à droite.*

CHARLES.

Eh bien, Marie, tu vois que je suis de parole... mais je te dérange... tu n'étais pas seule ?

MARIE.

Je causais avec monsieur Jaques, le charpentier.

CHARLES.

Un brave garçon que j'estime et que j'aime... un bon soldat que j'ai vu autrefois sauter gaiement à l'abordage : et maintenant un excellent ouvrier... aussi, tant que je serai ici, celui-là ne manquera jamais d'ouvrage. Mais qu'as-tu donc ?

MARIE.

Rien, monseigneur... c'est que nous avons eu tant d'évènemens depuis ce matin...

CHARLES.

Et lesquels ?

MARIE.

De bien tristes, qui me donnent bien du chagrin.

CHARLES.

Puis-je y porter remède ?

MARIE.

Peut-être, si vous le vouliez... car si j'osais... J'aurais un grand service à vous demander... mais quand vous aurez bu votre lait.

CHARLES.

Laisse-moi donc tranquille... je n'en veux plus... je n'ai plus soif. Un service à rendre à une jolie fille! c'est bien autrement agréable!... car, tu ne sais pas, Marie, que tu es très-jolie.

MARIE, *baissant les yeux.*

Vous trouvez, Monseigneur.

CHARLES.

Et il y a d'autant plus de mérite à moi, à ne pas te l'avoir dit, qu'il y a long-temps que je m'en suis aperçu... mais il ne s'agit pas de cela... il s'agit d'un service; et jolie ou laide, il faut obliger les gens les yeux fermés... Je t'écoute.

MARIE.

Vous saurez donc que ce matin on a tiré à la milice, et que M. Dickson... un jeune homme qui loge ici, chez ma tante, est tombé au sort.

CHARLES.

Ah! Dickson... un imbécille et un ignorant.

MARIE.

C'est le maître d'école du village.

CHARLES.

Cela n'empêche pas... Un réformateur qui pérore toujours..., cela lui apprendra à parler.... il n'y a pas de mal.

MARIE.

Si vraiment... il y en a beaucoup, à cause de différentes choses, trop longues à vous expliquer, et qui font que ma tante et moi nous ne voudrions pas qu'il partît pour l'armée.

CHARLES, *la regardant.*

Je comprends.

MARIE.

Et si vous étiez assez bon pour nous avancer cinquante guinées, que Dickson, ma tante et moi, nous vous rendrons avec notre travail... on pourrait acheter pour lui un remplaçant.

CHARLES, *la regardant.*

Et monsieur Dickson resterait ici!... Ce gaillard là est bien heureux!... N'importe, je prête les cinquante guinées...

MARIE.

Ah! que je vous remercie!

CHARLES.

A condition... que tantôt, tu viendras les chercher toi-même au château.

MARIE.

Avec ma tante.

CHARLES.

C'est un excellente femme, que j'aurai toujours grand plaisir à voir... mais elle a sans doute des occupations dont je serais désolé de la déranger.

MARIE.

J'irai avec M. Dickson pour qu'il vous remercie.

CHARLES.

Je ne tiens pas à ses remerciemens.. mais aux tiens... Voyons, parlons franchement... Tu l'aimes donc bien, ton M. Dickson?

MARIE.

Moi! du tout.

CHARLES.

C'est charmant! Alors, il n'y a plus d'inconvéniens, et il faut bien que son bonheur lui coûte quelque chose.

MARIE.

AIR : *Vaudeville du Baiser au Porteur.*

Encore une fois, si je vous intéresse,
Daignez m'entendre...

CHARLES.

Tu viendras, mon enfant;
Mais pour croire à cette promesse,
Je veux des arrhes à l'instant.

MARIE

Y pensez-vous, monseigneur...

CHARLES.

Oui, vraiment...
Allons, ne sois pas trop sévère.

(*Voyant entrer Dickson.*)

C'est le futur... moi qui le croyais loin.
Un seul baiser; c'est sans danger, ma chère,
Tu le vois, c'est devant témoin.

SCÈNE VIII.

LES MÊMES, DICKSON.

DICKSON, *qui est entré, et qui a croisé les bras.*
Les voilà donc, ces grands seigneurs; quelle immoralité,
quel oubli de tous les principes.... Séduire la femme de
mon ami!

MARIE.
Eh! du tout, le mal n'est pas si grand que vous le faites...
D'abord, il croyait que j'étais votre prétendue.

DICKSON.
Eh bien! c'te raison... C'est-à-dire, qu'avec moi, on peut
tout se permettre... Encore si c'était madame Patrice...

SCÈNE IX.

LES MÊMES, Mme PATRICE.

CHŒUR DE PAYSANS.

Air de la Bayadère.

Nous nous rendons à not' devoir;
Car, de la classe, voici l'heure,
Et nous venons dans votr' demeure,
Pour la leçon qu'on donne ce soir.

Mme PATRICE.
Vous le voyez, ce sont vos écoliers qui arrivent pour la
classe de sept heures.

DICKSON.
Qu'ils aillent au diable... Je suis bien en train de leur en
remontrer.

Mme PATRICE.
Et puis, il y a là bas, un inconnu qui demande monsieur
le schérif?

DICKSON, *avec humeur.*
Il est absent, et ne revient que demain.

Mme PATRICE.

Il apporte pour lui, cette lettre, qui est, dit-il, très-pressée.

DICKSON.

Qu'est-ce que ça me fait?

Mme PATRICE.

Il ne veut pas s'en retourner sans la réponse.

DICKSON.

Comme il voudra... Est-ce que cela me regarde?

Mme PATRICE.

Oui, sans doute..... Puisque, pendant ces deux jours d'absence, monsieur le schérif vous a chargé.... comme étant à-peu-près le seul qui sut lire, d'ouvrir les lettres à son adresse.

DICKSON, *prenant la lettre avec humeur, et tout en la décachetant.*

Dieu! que l'instruction et les lumières sont souvent à charge... (*Lisant tout bas, et grommelant.*) Hum! hum! hum!... Ah! mon dieu!

TOUS.

Qu'a-t-il donc?

DICSON, *se frottant les yeux.*

Je crains de me tromper. (*Il lit de nouveau.*) Ah! mes amis!.... Madame Patrice!.... Donnez-moi une chaise, je sens que je vais me trouver mal.

JAQUES, *courant à lui, pendant que madame Patrice approche une chaise derrière lui.*

C'est ma foi vrai, il pâlit.

DICKSON.

Je le crois bien..... Une nouvelle comme celle-là, qui vous arrive sans préparation... J'en ferai une maladie... de joie et de saisissement.

Mme PATRICE et MARIE.

C'est donc de bonnes nouvelles?

DICKSON.

De bonnes nouvelles... c'en est d'excellentes... d'étonnantes... d'étourdissantes!... Avez-vous là votre flacon?

Mme PATRICE, *le lui donnant.*

Le voici.

DICKSON, *respirant à peine.*

Il me fallait ça..... pour m'aider à faire passer le bon-

St.-Ronan.   4

heur qui vient de me tomber là... comme une masse...
sur l'estomac... Dieu! que ça fait mal!

JAQUES.

Eh! allons donc, du courage... et sois homme une fois
en ta vie... Ça ne sait supporter ni la joie ni le chagrin...
Il est là comme un imbécille.

DICKSON, *fièrement.*

Un imbécille!... Sais-tu à qui tu parles... Si je te disais... si tu savais... (*A madame Patrice.*) Tenez, lisez-
lui seulement cette lettre.

Mme PATRICE, *regardant la signature.*

Le docteur Akton, pasteur à Edimbourg. Je ne connais
pas.

JAQUES.

Ni moi non plus, mais c'est égal.

Mme PATRICE, *lisant.*

« Monsieur le schérif,
» J'ai à vous confier un grand et important secret, et je
» dois commencer avant tout par réclamer de vous une
» inviolable discrétion. »

JAQUES, *l'interrompant.*

Eh bien! et qu'est-ce que tu fais?... tu vas me raconter
cela, à moi, à tout le monde.

DICKSON.

C'est vrai... mais c'est entre nous tous.

Mme PATRICE.

Et puisque nous avons commencé...

TOUS.

Elle a raison!

Mme PATRICE.

« Vous savez, comme tout le monde, que le feu comte
» de Saint-Ronan avait contracté à New-Yorck, un premier
» mariage, qui lui donna un fils... Cet enfant, que sa mère
» ramenait en Angleterre, périt avec elle dans la traver-
» sée; et quelques années plus tard, le comte se remaria
» dans son pays, et eut un autre fils, lord Charles, votre
» seigneur actuel..... Mais ce que personne ne sait, pas
» même lui: c'est que je viens de découvrir, à ne pouvoir
» en douter, que son frère aîné a échappé au naufrage, et
» qu'il existe encore..... C'est qu'ignorant lui-même son
» nom et sa naissance, recueilli, et élevé par charité, il
» habite près de vous le bourg de Saint-Ronan. Je vous re-
» mettrai demain moi-même tous les titres. »

MARIE.

Ah! mon dieu! vous à qui on ne connaît ni père, ni mère.

DICKSON.

Est-ce heureux! je suis le seul du village.

Mme PATRICE.

Quelle aventure!

TRIM.

Quel bonheur!

JAQUES.

Mais attendez donc.

THOMAS.

Il n'y a pas à attendre. Vive notre nouveau seigneur!

TOUS.

Vive Dickson pour toujours!

CHŒUR.

AIR : *Buvons à pleins verres.* (Fra Diavolo.)

Que dans le village
On lui rende hommage,
Répétons en chœur :
Viv' notr' bon seigneur !
Que cet homme habile
Soit heureux , tranquille.

JAQUES.

V'là donc le pays sans instituteur,
Nous aurons en r'vauche un surcroît d'seigneur.

CHARLES.

Que dans le village, etc.

THOMAS , *pendant la ritournelle.*

Permettez que je sois le premier à vous offrir ce bouquet.

DICKSON.

Je l'accepte... (*Voyant que Tom a l'air d'attendre.*) Il m'est impossible de vous donner pour boire.... en argent, pour d'anciennes raisons... mais je vous le donnerai en nature. Venez avec moi au château , où les caves sont bien garnies... et nous boirons tous à ma santé.

CHŒUR.

Que dans le village, etc.

FIN DU PREMIER ACTE.

ACTE DEUXIÈME.

Le Théâtre représente un appartement du château.
Au lever du rideau on entend, à gauche, un chœur de buveurs.

CHOEUR, *en dehors.*

Air des Deux Nuits.

Mes amis, qu'on est heureux d'être
Seigneur d'un domaine aussi beau!
Vive, vive notre nouveau maître,
Et surtout vive son château!

SCÈNE PREMIÈRE.

JAQUES, MARIE, *entrant par le fond.*

MARIE.
Quel bruit! quel tapage!... S'en donnent-ils !
JAQUES.
Quoi! depuis hier qu'ils y étaient, ça n'a pas cessé?
MARIE.
Non vraiment... Ils ont passé toute la nuit à boire avec
leur nouveau seigneur... Et tenez, les voyez-vous d'ici,
dans cette grande salle à manger... une cinquantaine qui
sont encore à table.
JAQUES.
A table! vous êtes bien bonne; il y en a au moins la
moitié dessous.
MARIE.
Et ce pauvre milord Charles, l'ancien seigneur, qu'est-

ce qu'il a dit, quand vous êtes venu hier lui annoncer cette nouvelle; il a dû être bien étonné.

JAQUES.

Du tout. Il m'a répondu froidement : « Si ce qu'on m'an-
» nonce est vrai, je sais quel est mon devoir, je suis prêt à
» le remplir; mais on me permettra du moins de m'infor-
» mer par moi-même, et de savoir à quoi m'en tenir. » Il
a sonné. Un domestique a paru. « Qu'on me selle un che-
» val; j'irai à la ville, et ne reviendrai pas avant demain.»

MARIE.

Ce qui est aujourd'hui.

JAQUES.

Et pendant ce temps, Dickson s'est tout de suite installé
ici; ça me paraît un peu prompt, et c'est là-dessus que je
voulais lui parler, mais je reviendrai.

MARIE.

Où allez-vous donc?

JAQUES.

A mon ouvrage... Faut bien que je le fasse.

MARIE.

Quoi! vous y pensez encore, quand Dickson est devenu
grand seigneur.... quand il va épouser ma tante.... Est-ce
que vous ne comptez pas sur son amitié?

JAQUES.

Si vraiment.

MARIE.

Et vous ne voulez rien lui demander?

JAQUES.

Si fait... Je lui demanderai de l'ouvrage, c'est ce qu'il y
a de plus sûr.

AIR : *Amis, voici la riante semaine.*

Content d'gagner un honnête salaire,
J'vis plus heureux qu'un riche potentat,
Et l'charpentier, avec les grands de la terre,
Ne voudrait pas encor troquer d'état.
L'vulgair' souvent, qu'un vain luxe captive,
Croit l'grand seigneur ben au-d'ssus de l'ouvrier;
Mais d'la fortune, hélas! qu'un r'vers arrive,
L'un n'est plus rien, et l'autre est charpentier.

MARIE.

Du tout; il vous fera avoir quelque belle place, ça lui est si aisé.

JAQUES.

C'est possible, mais le difficile est de la remplir........ Parce qu'on dirait à quelqu'un : je te nomme charpentier, ça ne suffit pas pour qu'il le soit; faut connaître la partie, faut savoir le métier.... Pour celui-là, je le sais, et j'ose dire que j'y passe pour un homme de talent... Mais dans un autre, peut-être, je ne serais qu'une bête. Et Dickson lui-même, qui était un bon magister... il ne faut pas croire déjà qu'il entende si bien l'état de seigneur.

MARIE.

Ma tante dit qu'il s'en tire à merveille.

JAQUES.

Laissez donc : il est gauche, emprunté; et dans ces beaux salons, il a l'air d'un meuble de trop... J'ai vu hier les laquais qui se moquaient de lui, et si je ne m'étais retenu...

MARIE.

Soyez tranquille, ça viendra; le tout est de commencer.

JAQUES.

Joli commencement!... se griser avec ses vassaux.... est-ce que c'est décent? est-ce que c'est convenable?... si c'était un ouvrier, je ne dis pas... ils ont des prérogatives, mais un milord, un seigneur, n'a plus cet avantage-là... ça ne peut pas boire un coup de trop. Et quand je lui ai dit : « Allons, en voilà assez, viens te coucher... » Et qu'il m'a allongé un coup de poing, je lui en ai rendu deux, qui l'ont envoyé rouler sous la table. Ce n'est pas pour la chose, parce qu'entre amis, ça se fait... mais c'est pour le respect dû à la qualité...ce n'est pas comme ça qu'on se maintient... Aussi, tantôt, dès qu'il sera seul, et à jeun, je lui dirai ce que j'en pense.

MARIE.

Et si ça le fâchait?

JAQUES.

Qu'est-ce que cela me fait... on est ami, ou on ne l'est pas.

MARIE.

Justement... S'il allait moins vous aimer.

JAQUES.

Tant pis pour lui..... Et pourvu que vous, mam'selle Marie, vous ne changiez pas...

MARIE.

Jamais, je vous l'ai dit.

JAQUES.

Songez que madame Patrice, votre tante, va être comtesse, qu'elle sera milady.

MARIE.

Eh bien?

JAQUES.

Eh bien, ça me fait peur... Déjà ici, dans ce riche appartement, je ne suis pas à mon aise, comme autrefois... il me semble que je n'ose pas vous aimer.

MARIE.

Et pourquoi donc, monsieur Jaques? moi j'ose bien.

JAQUES.

Serait-il vrai?

MARIE.

Par ainsi, osez toujours.

JAQUES, *l'embrassant.*

Ah! que vous êtes bonne! (*On entend en dehors le chœur qui reprend.*) Allons, ce sont les autres. Adieu, Mam'selle. C'est ennuyeux, les châteaux, on y est toujours dérangé.

(*Il sort.*)

SCÈNE II.

MARIE, DICKSON, TRIM, THOMAS, Gens du Peuple.

CHŒUR.

Mes amis, qu'on est heureux d'être, etc.

(*Même chœur qu'au commencement.*)

DICKSON. *avec un habit brodé, et la culotte, le gilet et les bas qu'il avait au commencement.*

Je me sens la tête encore un peu lourde... Ces diables de vins de France... C'est bien, mes amis, il est midi, vous pouvez vous retirer.

TRIM, *s'appuyant sur son épaule.*

Dis-moi, Dickson...

DICKSON, *lui ôtant la main.*

Qu'est-ce que c'est que ces façons-là?... Et puis il me semble que toi, à qui j'ai appris autrefois à parler, tu pourrais bien t'exprimer autrement.

TRIM.

Comment cela?

DICKSON.

Tu m'appellerais milord, ou tout uniment monseigneur, que ça ne ferait pas mal.

TRIM.

Je veux bien... Dis donc, milord, à quelle heure qu'on dîne?

DICKSON.

Qu'est-ce qu'il dit encore?

TRIM.

Je demande à quelle heure nous reviendrons dîner?

DICKSON.

Eh bien! par exemple..... Est-ce que tu te crois établi dans mon château?

TRIM.

Dam'! je compte du moins sur une bonne place..... ça m'est dû... j'ai des droits.

TOUS.

Moi aussi!

TRIM.

Je demande celle de sommeiller!

UN AUTRE.

Moi, celle de majordome!

UN AUTRE.

Celle d'intendant!

UN AUTRE.

De palefrenier!

THOMAS.

Moi, celle de trésorier!

MARIE.

Et Jaques, monsieur Dickson, Jacques?

DICKSON.

Jaques... c'est juste... on verra.... lui d'abord,...

TOUS.

Il n'est pas là ! et nous y sommes... Nous voilà !

DICKSON.

Ils sont étonnans ! il faut tous les placer... Et qu'est-ce que vous avez fait pour ça ?

TRIM.

C'est moi qui, le premier, ai crié : vive monseigneur !

UN AUTRE.

Je l'ai crié plus fort que toi !

UN AUTRE.

C'est moi qui ai ouvert la grille du château !

UN AUTRE.

J'y suis entré avec lui le premier !

THOMAS.

Et moi, qui, depuis hier, n'ai fait que boire avec lui.

MARIE.

Et Jaques, qui est votre ami.

TRIM.

Joliment... C'est lui qui, hier, vous a donné deux coups de poing.

THOMAS.

Et vous a roulé par terre.

MARIE.

Voilà qu'on le dénonce, à présent.

DICKSON, *se frottant l'épaule.*

Il est de fait que je crois me souvenir...

TRIM.

A telles enseignes, que c'est moi qui vous ai ramassé.

AIR : *Vaudeville de la chaumière moscovite.*

C'est moi. (4 *fois*)
De mon zèle
Qu'on se rappelle.
C'est moi, (*bis.*)
Choisissez-moi,
Tout vous en fait la loi.

DICKSON.

Laissez-moi tranquille, à présent que je suis sur mes jambes, ils veulent tous m'avoir relevé. Allez vous-en... (*A Thomas.*) Toi, à ta ferme... (*A Trim.*) Et toi, à la

fabriqué... à ma filature... car elle est à moi, maintenant.

TRIM.

Y retourner !... et pourquoi faire ?

DICKSON.

C'te question !... Pour travailler.

TRIM.

Pas si bête !... Tu nous disais hier que nous étions trop
bons enfans de travailler pour les autres, qu'il fallait ne
rien faire, ou augmenter nos journées... c'est une idée ;
et si je n'ai pas une bonne place, qui me permette de me
reposer, je me ferai payer désormais, à la fabrique, autant de guinées que j'avais autrefois de schellings... sinon
la filature ira toute seule.

UN AUTRE.

Il a raison.

TOUS.

J'en ferai autant.

DICKSON.

Sont-ils bêtes !... et qu'est-ce qui leur prend ?

THOMAS.

Et quant à mes fermages... que je sois placé ou non,
j'espère bien que tu n'iras pas, comme l'autre, me les demander tous les ans... Si je laboure tes champs, si je me
donne du mal, il est juste que ça soit pour moi.

DICKSON.

Est-il possible de voir des intelligences plus dures !...
Et moi, avec quoi vivrai-je ?... où seront mes revenus ?...
Dans vos poches !

THOMAS.

Chacun à son tour. tu nous l'a dit cent fois.

DICKSON.

Ce n'est pas vrai.

THOMAS.

Hier encore...

DICKSON.

Je l'ai dit... je l'ai dit... On dit ça quand on n'est rien ;
mais maintenant que je suis propriétaire... que je suis un
milord...

TRIM.

Et pourquoi es-tu un milord ?

DICKSON , *avec impatience et s'échauffant.*

Pourquoi ?... pourquoi ?... Allez le demander à tous
ceux qui, comme moi... car, en vérité, ils ne savent rien
de rien... ce n'est pas ma faute... c'est un malheur, si
vous voulez... un malheur de naissance... mais ça est
comme ça; et je suis bien bon de discuter avec des imbécilles qui ne peuvent pas me comprendre.

TOUS.

Des imbécilles !...

DICKSON.

Oui, je répète l'épithète... des imbécilles, qui ont été
mes élèves, et qui sont mes vassaux.

AIR : *Du mal du pays.*

Vous me donnez une leçon,
Oui, je le vois, j'étais trop bon.

CHŒUR , *le menaçant.*

Mes amis, suivons ses leçons,
Avec lui, nous sommes trop bons.

DICKSON.

Plus de phrase suspecte,
Je veux qu'on me respecte ;
Qu'en tous lieux on s'écrie :
Vive sa seigneurie !
Et qu'on m'aime, ou sinon
Vous irez en prison.

LE CHŒUR.

Vous me donnez, etc.
Mes amis, etc.

(*Ils sortent tous en le menaçant.*)

SCÈNE III.

MARIE , DICKSON , *s'asséyant dans un fauteuil.*

DICKSON.

Jaques avait raison... c'est un tort de s'encanailler , et d'être honnête avec tout le monde.

MARIE.

Vous voyez bien, si vous suiviez ses avis...

DICKSON.

C'est ce que je ferai... je ne dirai plus un mot à personne. (*Prenant son chapeau qu'il enfonce sur sa tête.*) Et quant à mon chapeau, je ne l'oterai plus... que le soir pour me coucher, et puis pour mes égaux , les marquis et les barons qui, désormais, seront ma seule société. Comme ça, du moins , ça sera agréable d'être seigneur; car, jusqu'à présent...

MARIE.

Et le dîner que vous avez fait?

DICKSON.

Tu as raison... et si ce n'était cette indigestion que j'ai eue , faute d'habitude, j'aimerais assez cela... Mais on ne peut pas toujours boire et manger ; et il faut croire que les seigneurs ont d'autres plaisirs que ceux-là. Dis-moi, Marie , qu'est-ce que je m'en vais faire ?

MARIE.

Demandez à Jaques, qui est de bon conseil, et qui, de plus est votre ami véritable.

DICKSON.

Ça , je le sais.

MARIE.

Aussi, faut faire quelque chose pour lui... ça dépend de vous... vous êtes le maître.

DICKSON.

C'est vrai.

MARIE.

Tout ce qui est ici, et dans vos domaines, tout ça vous appartient... vous pouvez en disposer.

DICKSON, *réfléchissant.*

Elle a, ma foi. raison!... Bêtes et gens, tout ça est à moi... et les vassaux et les vassales donc!... Je n'y pensais pas, et tous les seigneurs y pensent. Sans cela, ils seraient comme moi, ils ne sauraient comment passer leur temps..... avec ça, que je suis connu sur l'article..... j'ai toujours aimé la beauté de quelque rang qu'elle puisse être, et à coup sûr... (*Regardant Marie.*) il n'y en a pas, dans mes domaines, qui soit plus.....

MARIE, *de loin, et timidement.*

Eh bien! monsieur Dickson, songez-vous à ce que je vous ai dit?

DICKSON.

Certainement, je m'en occupe... parce que les plus jolies doivent être pour le seigneur, c'est de droit; et je suis bien sûr que maintenant que je suis un milord, Marie elle-même... (*Haut.*) Ecoute donc ici, que je te parle.

MARIE, *venant tout près de lui.*

Me voilà.

DICKSON.

Est-elle gentille!... Je vous demande si elle n'a pas une tournure et une figure de milady.... C'est là exactement ce qu'il me faut... Dieu! madame Patrice!

SCENE IV.

LES MÊMES, Mme PATRICE.

Mme PATRICE, *avec un gros trousseau de clés à la ceinture.*

Marie! Marie!... Mais allez donc, petite fille; on vous demande de tous les côtés, et je ne peux pas être partout. J'ai déjà eu assez de mal à arranger ma lingerie.

DICKSON, *à part.*

Sa lingerie!...

MARIE.

J'y vais, ma tante. (*Bas à Dickson.*) N'oubliez pas ce que vous alliez me dire.

DICKSON.

Soyez tranquille.

Mme PATRICE.

Ah! dam'! on a un peu plus de peine ici que dans notre
ancienne maison... mais c'est égal; je ne m'en plains pas,
et je veux, mon cher Dickson, que notre château soit toujours si bien tenu... J'ai déjà tout visité, du haut en bas.
Ah! que c'est beau! mon dieu, que c'est beau!... Partout
de l'or et de la soie... Je me suis assise sur tous les fau-
teuils et les canapés.

DICKSON.

Eh bien! par exemple!...

MAD. PATRICE.

Air de Catinat.

Ce sont des étoffes vraiment,
Qui valent plus d'un' guiné' l'aune ;
J'viens d'en voir de tendu's en blanc,
D'autre' en cramoisi, d'autre' en jaune...
Des chambres à coucher y en a,
Laquelle faut-il que je prenne ?...

DICKSON, *à part.*

Mon dieu! toutes celles qu'ell' voudra,
Pourvu que ce n'soit pas la mienne.

Mme PATRICE.

Et puis une autre découverte que j'ai faite...

DICKSON.

Est-elle bavarde!

Mme PATRICE.

En ouvrant une porte du rez-de-chaussée, je me suis
trouvée dans une chapelle... celle du château... tout ce
qu'il y a de plus riche et de plus élégant... et j'ai soupiré,
parce que je me suis dit : C'est là que moi, et mon cher
Dickson nous allons être unis... et déjà, dans ma tête, j'ai
réglé l'ordre de la cérémonie. J'ai bien pensé à nos voi-
sines; mais elles sont toutes si communes, qu'en vérité, je
ne sais pas si nous devons les inviter... Qu'en dites-vous?

DICKSON.

Je dis, madame Patrice, que vous pensez très-juste, et

que, dans la nouvelle position où je suis, je ne peux pas être comme autrefois.

Mᵐᵉ PATRICE.

N'est-ce pas?

DICKSON.

On a des amis, on les aime... ça n'empêche pas...

Mᵐᵉ PATRICE.

Certainement.

DICKSON.

Mais il faut qu'ils se fassent une raison, qu'ils se disent : Dickson est un grand seigneur, il se doit à lui-même, et à son rang, des sacrifices qui lui coûtent plus qu'à tout autre.

Mᵐᵉ PATRICE.

Ça, j'en suis sûre; car vous avez si bon cœur... Mais quand il le faut, il n'y a rien à répondre.

DICKSON.

Voilà!... Aussi, ça me fait plaisir de voir que vous le preniez ainsi... J'avais peur, ma chère madame Patrice, que ça ne vous fît plus de peine.

Mᵐᵉ PATRICE.

Eh! quoi donc?

DICKSON.

La nécessité où me met ma nouvelle fortune de ne plus songer à nos anciennes idées.

Mᵐᵉ PATRICE.

Qu'est-ce que vous m'apprenez là?... Vous, monsieur Dickson, vous pourriez?...

DICKSON.

Ce n'est pas moi... c'est mon rang, c'est ce coquin de rang qui est cause de tout... Sans cela vous savez bien que j'étais tout résigné... je vous le disais encore hier... je le disais à Jaques.

Mᵐᵉ PATRICE.

Et vous pourriez manquer à vos promesses!... moi qui vous aimais tant!... Car je ne tiens pas à vos richesses... je ne tiens pas à être dame de château; mais je tiens à être madame Dickson.

DICKSON.

Certainement, si ça se pouvait, ce serait avec plaisir... Quand je dis avec plaisir, ça serait avec reconnaissance, avec affection...

Air du Premier Prix.

Que l'espoir rentre dans votre âme,
Pour adoucir votre douleur,
Vous aurez un mari, Madame,
Car je le veux, je suis seigneur.
Oui, je prétends, sans qu'on raisonne,
Qu'on vous épouse, c'est ma loi...
Et mes vassaux, quand je l'ordonne,
Doivent se dévouer pour moi.

Mme PATRICE, *avec colère, le prenant par le bras.*
J'ai votre parole... vous la tiendrez, ou nous verrons.

DICKSON.
Madame Patrice! madame Patrice!...

« C'est Vénus toute entière à sa proie attachée. . »

SCÈNE V.

LES MÊMES, JAQUES.

Mme PATRICE, *courant à lui.*
Ah! monsieur Jaques! ah! mon ami, venez à mon aide!
voilà ce traître, ce perfide, cet infidèle....

DICKSON.
Pas d'épithètes passionnées, je vous en prie.

Mme PATRICE.
Eh bien! ce scélérat:..

DICKSON, *froidement.*
A la bonne heure.

Mme PATRICE, *sanglottant.*
Qui méconnaît tous ses sermens, qui est sourd à la voix
de l'amour et de l'honneur.... il refuse de m'épouser.

JAQUES.
Laissez donc... ce n'est pas possible.

Mme PATRICE, *se cachant dans son mouchoir.*
Ce n'est que trop vrai.

JAQUES, *s'approchant de Dickson.*

Comment, tu te tais? J'espère pourtant bien qu'elle ne sait ce qu'elle dit.

Mme PATRICE, *lui prenant la main.*

Bon, monsieur Jaques.

JAQUES.

Eh bien! Dickson, tu ne réponds pas?

DICKSON, *gravement.*

Quelques affaires qu'il y ait entre moi et madame Patrice, cela ne regarde que nous... cela ne te regarde pas.

JAQUES.

Si, morbleu!

Air de l'homme vert.

Avec mépris, avec colère,
On parle du nouveau seigneur,
Et ça doit m' regarder, j'espère,
Puisqu'il s'agit de ton honneur.
Veux-tu qu' chacun dise à voix haute,
En s' rapp'lant ton premier état,
S'il est seigneur, c' n'est pas d' sa faute;
Mais c'est d' la sienn' s'il est ingrat.

Oui, v'là c' qu'ils disent, et qu'est-ce que je pourrai leur répondre?

DICKSON.

Tu leur répondras qu'ils aient à se mêler de leurs affaires; et je te conseille de faire comme eux.

JAQUES.

Qu'est-ce que ça veut dire?

DICKSON.

Ça veut dire que je ne suis pas déjà si content de toi... que je me rappelle confusément, il est vrai, ce qui s'est passé hier soir, et si tu appelles cela me défendre... de lever la main sur ton seigneur...

JAQUES.

C'était pour ton bien, pour ton intérêt... et tu n'es pas digne d'avoir un ami... si tu n'as pas été sensible à l'intention.

DICKSON.

Je n'ai été sensible qu'au coup de poing, et je te prie de ne pas recommencer, sinon je te montrerai que je suis le maître... et c'est parce que je suis le maître, que je n'épouserai pas madame Patrice.

Mᵐᵉ PATRICE, *avec désespoir.*

Vous l'entendez !

DICKSON.

Voilà ce que c'est que de m'obstiner ; et pour mieux lui apprendre, j'en épouserai une autre, qui me convenait mieux, et qui ne lui convient pas.

JAQUES.

Et laquelle ?

DICKSON.

La petite Marie.

Mᵐᵉ PATRICE.

Ma nièce ?

JAQUES, *le menaçant.*

Il serait possible !... (*Se modérant.* Ecoute, Dickson, ne nous fâchons pas, et parlons raison... j'ai mal entendu, ou la colère t'aveugle. Ce n'est pas là ton intention ?

AIR : *Connaissez mieux le grand Eugène.*

A ce propos là je n'ajoute
Aucune foi... j'attends tout de ton cœur.
Tu n'as pas oublié, sans doute,
Et tes sermens et nos projets d' bonheur.
Nous nous jurions une amitié constante,
Et nous devions, c'étaient là tes discours,
Fair' quatre heureux...

DICKSON.

Eh bien, épous' la tante,
Et le compte y sera toujours.

JAQUES, *indigné.*

Et tu oses me faire une proposition pareille !

DICKSON.

Et pourquoi pas ? tu me la faisais bien... Il est bon enfant, il m'engageait à l'épouser, et lui, il ne le veut pas... Voilà de mes donneurs d'avis, de ces gens qui conseillent

aux autres ce qu'ils ne feraient pas eux-mêmes..... Tu te dis
mon ami, tu n'es qu'un égoïste.

JAQUES.

Moi!

DICKSON.

Oui, un égoïste, envers moi, et envers Marie; car si tu
l'aimais pour elle-même, tu serais le premier à te réjouir
de la fortune qui lui arrive. Tu dirais : il vaut mieux qu'elle
soit la femme d'un milord que celle d'un charpentier.....
Et ni toi, ni sa tante, n'avez le droit de vous opposer à son
bonheur.

JAQUES.

Son bonheur!... Tu as raison, et si elle le trouve ainsi,
si elle pense comme toi, je n'ai rien à dire... Propose-lui
ta main, si elle accepte, je ne crois plus à rien au monde,
je me retire... mais si, comme je l'espère, elle te refuse,
ne t'avise plus d'y penser jamais, et de jeter les yeux sur
elle... ou sinon...

DICKSON, avec hauteur.

Qu'est-ce que c'est?

JAQUES.

Tiens, la voilà.

SCENE VI.

LES MÊMES, MARIE.

MARIE, accourant.

Monsieur Jaques! monsieur Jaques!... Eh! mais qu'a-
vez-vous donc?

IAQUES.

Rien...

MARIE.

C'est singulier, ils ont tous un air... Je venais vous dire
que monsieur le shérif et le docteur Akton viennent d'arri-
ver avec un étranger.

DICKSON.

Je sais ce que c'est... je les attendais.

MARIE.

Ils ont aussi avec eux lord Charles, l'ancien seigneur, et puis des constables, des gens de justice!

DICKSON.

C'est pour m'installer officiellement dans le château.

JAQUES.

Il est donc vrai!... nous devons les remercier pour le nouveau seigneur qu'ils nous ont donné.

MARIE.

Qu'est-ce donc?

JAQUES.

Rien... C'est monseigneur, c'est milord qui voulait vous parler.

DICKSON.

Plus tard..... Il faut d'abord que j'aille recevoir... et puis après, si tout le monde ici ne fait pas mes volontés, je vous prouverai bien que je suis le seigneur.

JAQUES.

Et moi, prends-y garde; je rapprocherai les distances.

MARIE.

Jaques, y pensez-vous?

JAQUES, *furieux.*

Oui, vouloir vous enlever...

Mme PATRICE.

Vouloir t'épouser...

MARIE.

Moi! jamais!

JAQUES, *à Dickson.*

Tu l'entends!... et si tu y penses encore, tu ne mourras que de ma main.

DICKSON.

C'est ce que nous verrons... Et si elle pouvait balancer entre moi et un misérable ouvrier...

JAQUES

Insolent!   (*Il lui donne un soufflet.*)

DICKSON.

Le second depuis hier... A moi! mes gens, mes laquais... Tu es bien heureux qu'on m'attende... mais je reviens avec le constable.   (*Il sort.*)

SCÈNE VII.

LES MÊMES, *hors* DICKSON.

MARIE, *arrêtant Jaques.*
Jaques, calmez-vous.
JAQUES, *voulant le suivre.*
Non, il faut décidément que j'aille l'assommer ; il faut
que je tue un seigneur, ça me fera plaisir.
MARIE, *le retenant toujours.*
Plus tard, je ne dis pas... mais dans ce moment, c'est
impossible... car notre ancien maître, lord Charles, veut
vous parler... à vous, en particulier.
JAQUES.
A moi ?
MARIE.
Il me l'a dit, du moins... Et tenez, le voici !
JAQUES.
Quel brave homme !
MARIE.
Quel digne seigneur !
JAQUES.
C'est celui-là, qui aurait mérité de l'être toujours.
MARIE.
Il était si aimable !
Mme PATRICE.
Il faisait tant de bien dans le pays.

SCÈNE VIII.

LES MÊMES, CHARLES, *qui est entré, en rêvant.*

CHARLES, *levant les yeux, et les apercevant.*
Ah ! c'est vous, mes amis.
MARIE.
Oui, monseigneur... et qui sommes bien tristes.
JAQUES.
Bien affligés de perdre un si bon maître.

CHARLES.

Le mal n'est peut-être pas aussi grand que vous croyez,
et c'est à ce sujet-là qu'il faut que je cause avec Jaques...
Laissez-moi, mes amis, laissez-moi, de grâce..... Nous
nous reverrons encore avant mon départ.

(*Ils sortent, excepté Jaques.*)

SCÈNE IX.

JAQUES, CHARLES.

CHARLES.

Approchez, Jaques, et écoutez-moi. Je viens de voir le
docteur Akton... un brave et honnête pasteur, qui mérite
toute confiance; et il vient de m'apprendre quelques cir-
constances dont il faut que vous soyez instruit.

JAQUES.

Moi, monseigneur?

CHARLES.

Il paraît, comme vous me l'aviez dit ce matin, que le fils
aîné du comte de Saint-Ronan a réellement échappé au naufrage?

JAQUES

C'est donc bien vrai... Et c'est ce faquin de Dickson...

CHARLES.

Un matelot de l'équipage l'avait sauvé, ainsi que plu-
sieurs effets précieux appartenant à la comtesse : de l'or,
des bijoux, des papiers, *et cætera.*

JAQUES.

Voyez-vous ça.

CHARLES.

Ces effets, il se les était appropriés.

JAQUES.

C'était donc un coquin?

CHARLES.

Oui, jusqu'au jour de sa mort... où il a fait appeler un
pasteur d'Edimbourg, le docteur Akton...... Il lui a tout
avoué, lui a remis ces papiers...

JAQUES.

Ce que c'est que la conscience.

CHARLES.

Et a déclaré de plus, que l'enfant qu'il avait sauvé, avait été donné par lui comme un enfant abandonné... à un pauvre diable de charpentier, qui l'avait emmené, qui l'avait élevé comme son fils, et qui depuis plus de vingt-cinq ans était établi dans le bourg de Saint-Ronan

JAQUES, *étonné,*

Un charpentier!... Il n'y en a qu'un ici.

CHARLES.

Péters Attrik.

JAQUES.

Mon père!

CHARLES.

Non, il ne l'est point... Tiens, lis.

JAQUES.

C'est tout au plus... si je peux lire. (*Regardant les papiers.*) Est-il possible... moi, monseigneur!... moi, le fils aîné du comte de Saint-Ronan!... (*Avec joie, et mettant la main sur son cœur, puis à sa tête.*) Ah! mon dieu!.... qu'est-ce que j'éprouve là... c'est comme des vertiges qui me montent... qui me montent... (*Se reprenant, et avec sang-froid.*) Allons, allons, Jacques; qu'est-ce que c'est que d'être ainsi!

CHARLES.

Eh bien! qu'en dis-tu?

JAQUES.

Je dis... que quand tout cela serait vrai, l'héritage est en bonnes mains... qu'il y reste.

CHARLES.

Y penses-tu?... Moi, usurper un rang, un titre...

JAQUES.

Qui vous parle d'usurper! S'il est vrai que ce soit à moi, ce que je ne sais pas encore... je vous le donne. (*Charles fait un geste de refus.*) Ça s'ra comme ça! car si vous êtes assez généreux pour refuser, moi je ne suis pas assez bête pour accepter! Si je devenais duc et pair d'Angleterre, j'ai des amis, gens du peuple comme moi, dont il faudrait rougir; j'ai une maîtresse que je vais épouser, et à laquelle il

faudrait renoncer. Je me verrais comme Dickson, tout-à-
l'heure, le mépris de vos égaux, le jouet de mes laquais,
qui diraient, en me montrant du doigt : « Regardez donc,
» dans ce fauteuil doré, ce milord qui ne sait pas lire. »
Tandis que Jacques, le charpentier, est estimé comme le
meilleur ouvrier du pays... Et voyez-vous, milord, c'est
peut-être un tort ; mais moi, je suis fier, et je tiens, avant
tout, à la considération.

CHARLES.

Et tu renonces à un pareil titre ?

JAQUES.

Ce n'est pas un titre qui la donne..... Il y a des grands
seigneurs qu'on méprise, il y en a qu'on respecte, et vous
êtes de ceux-là... non pas que je croye votre état plus difficile qu'un autre ; mais encore, il faut y être fait, il faut
l'apprendre de naissance, et surtout ne pas faire honte à
sa famille... C'est pour cela que je me retire, que je m'ef-
face... Si je suis l'aîné par la naissance, vous l'êtes par le
mérite, par l'éducation..... Notre nom appartient à celui
qui saura mieux le porter... et à ce titre, ce n'est pas moi
qui en suis digne... c'est vous, milord.

CHARLES.

Milord !... dis plutôt : mon ami, mon frère.

JAQUES.

Je le dis, si vous acceptez.

CHARLES.

Soit, si nous partageons.

JAQUES.

Point de partage... Vous avez votre rang à soutenir, et
j'entends que notre maison brille par dessus toutes les autres.

CHARLES.

Comment, Jaques... comment, mon frère, je ne ferai
rien pour toi ?

JAQUES.

Je ne dis pas cela, et je ne me gênerai pas pour vous demander..... Vous avez cinq fermes qui entourent le domaine... Vous me donnerez celle de Lauderdale.

CHARLES.

Que cela ?

JAQUES.

C'est la plus jolie... et puis, c'est la plus près du château.... je m'y établirai ... j'y vivrai le plus heureux des hommes, avec mademoiselle Marie, que j'épouse dès demain... et qui ne connaîtra jamais notre secret... parce que les femmes... ça vous a souvent des idées d'ambition, qui font que... Je la rendrai heureuse malgré elle, en ne lui disant rien... Quant à vous, frère... de temps en temps, en vous promenant, en allant à la chasse... vous vous arrêterez à la ferme... vous viendrez, sans qu'il y paraisse, voir votre belle-sœur, et embrasser incognito vos neveux et vos nièces.... car je vous en ferai.... beaucoup.... je l'espère... Maintenant surtout que me voilà riche. (*Voyant Charles qui fait un geste.*) Soyez tranquille, ce n'est pas tout...j'ai encore à vous demander...

CHARLES.

A la bonne heure... Et c'est...

JAQUES.

C'est de me permettre, quand je le voudrai, de venir ici au château... vous voir et vous embrasser...... On n'en saura rien, on ne me verra pas..... Je viendrai par cette porte secrète, ce petit escalier dérobé que je vous ai fait l'année dernière, et qui conduit à votre cabinet?

CHARLES.

Ah! toujours! toute la vie!

JAQUES.

Ça me fera plaisir.

Air d'Aristippe.

Peut-être aussi ça vous s'ra nécessaire;
Sur bien des choses j' pourrai vous éclairer;
J' vous indiqu'rai le bien que l'on peut faire,
   Et le mal qu'on peut réparer.
Vous autres, seigneurs, vous êtes peut-être
Trop loin pour voir les malheureux.
J'en s'rai plus près, j' dois les connaître,
   Hier encore j'étais comme eux.

CHARLES, *se jetant dans ses bras.*

Ah! mon frère!

JAQUES.

Oui, oui, mon frère, je le dis maintenant... car je vois que vous cédez... que vous consentez.

CHARLES.

Si tu le veux, si tu m'assures que c'est bien ton bonheur.... Mais au moindre regret, souviens-toi que tu es toujours le maître.

JAQUES.

Soyez tranquille...

(*Il prend les papiers qu'il déchire.*)

CHARLES, *voulant l'arrêter.*

Que fais-tu?

JAQUES.

J'ôte à moi et à mes enfans l'envie et les moyens de faire une sottise.... Vous savez que je suis votre frère.... ça suffit... il n'est pas besoin que d'autres le sachent.

CHARLES, *le serrant dans ses bras.*

Jaques, c'en est trop!

JAQUES, *ému.*

Allons donc, pas d'enfantillage, et ne m'embrassez pas ainsi... Frère, frère, je t'en prie... (*S'arrachant de ses bras.*) On vient, milord, prenez garde.

(*Il reprend son chapeau à la main, et reste dans une attitude respectueuse.*)

SCÈNE X ET DERNIÈRE.

LES MÊMES, Mme PATRICE, MARIE, DICKSON, LE CONSTABLE, GARDES CHASSE, PAYSANS.

Mme PATRICE.

Ah! mon dieu! quel malheur! voilà le constable et les

gens de justice qui ont saisi monsieur Dickson, et qui l'em-
mènent, pour lui apprendre, disent-ils, à s'emparer d'une
propriété qui ne lui appartient pas, et à signer un nom qui
n'est pas le sien.

CHARLES.

Vraiment?

Mme PATRICE.

Et ils disent tous qu'il va être pendu!

DICKSON.

Pendu!

Mme PATRICE.

Grâce, Monseigneur.

MARIE.

Il n'a plus d'espoir qu'en vous... c'est de vous que dépend son sort

CHARLES, *souriant.*

De moi!... Pas tout-à-fait. Eh bien! Jaques, qu'est-ce
que tu en penses? qu'est-ce que nous ferons?

JAQUES.

Si j'étais de vous, Monseigneur, j'oublierais ses extra-
vagances, et je lui ferais grâce.

CHARLES.

Puisque c'est l'avis de Jaques, sois libre.

TOUS.

Est-il possible!

CHARLES, *se retournant vers l'officier.*

Monsieur le Constable, je retire ma plainte, et ne donnerai pas de suite à cette affaire.

DICKSON.

Quoi! mon ami Jaques, c'est à tes instances que je dois
la liberté, et peut-être plus encore... car il paraît que
réellement ça pouvait finir par... (*Faisant le geste d'être
pendu.*) par un grand mal de gorge.

JAQUES.

C'est possible... Tu vois qu'il y a quelque inconvénient
à être grand seigneur, même pour un jour.

DICKSON.

Aussi, je suis dégoûté de l'état... (*Montrant les paysans.*) depuis surtout que j'ai vu l'ingratitude des hommes... il y a de quoi vous rendre misantrope ; et si je pouvais seulement redevenir maître d'école comme devant...

CHARLES.

Qui t'en empêche ?

Mme PATRICE.

La milice.... Maintenant qu'il n'est plus seigneur, il retombe soldat ; et à moins que Monseigneur dans sa bonté...

MARIE , *le priant.*

Ah ! oui, Monseigneur...

CHARLES.

Jacques, qu'est-ce que tu en dis ?

JAQUES.

Il ne faut pas s'en rapporter à moi, milord ; car j'ai été son ami... Il m'a offensé... et si j'étais le maître de me venger, je le ferais exempter... je paierais ses dettes, à lui et à madame Patrice...

Mme PATRICE, *lui faisant signe de se taire.*

C'est trop, Jaques, c'est trop...

CHARLES.

Non pas... Jaques est de bon conseil ; je suivrai le sien.

DICKSON.

Qu'entends-je !

CHARLES.

Et, pour l'en remercier, je veux qu'il épouse Marie avec la dot qu'il sait bien.

MARIE.

Est-il possible !... Qu'est-ce donc ?

JAQUES.

Rien. La ferme de Lauderdale que Monseigneur nous donne.

Mme PATRICE.

Une ferme comme celle là !

CHARLES, *à Marie.*

Et de plus, j'entends me charger de la noce, ainsi que des présens et de la toilette de la mariée.

JAQUES, *bas à Charles d'un air de reproche.*

La noce... les présens... ce n'en était pas.

DICKSON.

Ah ! monsieur Jaques ! ah ! madame Patrice ! mademoiselle Marie ! je suis bien coupable ; mais si vous saviez ce que c'est que l'ivresse du pouvoir !... ça vous monte... ça vous monte au cerveau comme une bouteille de vin de Champagne... Alors, la tête vous tourne, les yeux se troublent... on ne reconnaît plus personne... pas même ses amis... jusqu'au moment où on se dégrise !... Alors, on reconnaît tout le monde, on se retrouve soi-même, avec les bêtises qu'on a faites !... Aussi, c'est fini, je renonce aux idées ambitieuses qui m'ont perdu, et qui m'ont rendu coupable... je me les reprocherai toujours, et je m'en punirai. Madame Patrice, je vous épouse, si vous voulez encore de moi.

Mme PATRICE

Eh ! oui, sans doute.

JAQUES.

Elle est trop bonne, et tu ne peux t'acquitter envers elle qu'en faisant son bonheur.

DICKSON.

J'y tâcherai.

JAQUES.

Et désormais, Dickson, de l'indulgence pour tout le monde... même pour les princes et les grands de la terre... et disons-nous, que souvent, si nous étions à leur place, nous ne ferions pas mieux qu'eux.

CHŒUR.

AIR : *Le plaisir nous convie.* (Comte Ory.)

Puisqu'un destin prospère
Vient d'mettr' Jaques en faveur,

Près d'un maître qu'on révère,
Il s'ra notr' protecteur.

JAQUES, *au public.*

Air de la Sentinelle de Blanchard.

Lorsqu'en faveur d'un frère vertueux
De ma fortune je dispose,
Pour être tout-à-fait heureux,
Il ne me faut plus qu'une chose.
Je veux en joyeux visiteurs
Que ma petite ferme abonde ;
Car si, dédaignant les honneurs,
Messieurs, je renonce aux grandeurs,
Je ne renonce pas au monde.

CHŒUR.

Puisqu'un destin prospère, etc.

FIN DU DEUXIÈME ET DERNIER ACTE.

Mise en Scène.

※※

Au lever du rideau, Dickson est au milieu de la scène, devant une table. — Ses élèves sont assis aux deux côtés du théâtre.

A sa gauche, Trim, Thomas et Jacques. (Ce dernier le plus près du public.) A ces mots : *Tu es un maître d'école*, Jacques se lève, les autres se lèvent aussi en s'écriant : *Vive Dickson!*

Mme Patrice entre par le fond, suivie de sa nièce Marie.

Position des Personnages.

Marie, Jacques, Mme Patrice, Dickson, Trim et Thomas. (Ce dernier à la droite du spectateur.) Après le chœur, Marie sort par le fond, Mme Patrice sort aussi à gauche du spectateur.

Après ces mots : *Elle a raison*, Jacques est à gauche, et Dickson à droite du spectateur.

Jacques sort par le fond. Mme Patrice rentre par la gauche du spectateur, et prépare le déjeûner de Dickson, au milieu de la scène. — Pendant qu'il mange, elle s'assied à la table devant Dickson, qui est à la droite du spectateur. Marie entre par le fond, et se place d'abord entre sa tante et Dickson, et chante le couplet à la gauche du spectateur. Dickson passe ensuite auprès de Marie, pendant que Madame Patrice ôte la table. A l'entrée de Jacques, Marie à gauche du spectateur.

Position des Personnages.

Marie, Jacques, Dickson, Mme Patrice.

Le seigneur entre par le fond. — Tous les personnages, à l'exception de Marie, sortent à gauche du spectateur.

Le seigneur à gauche, Marie à droite du spectateur.

A la fin du couplet, Dickson entre à gauche. Le seigneur sort par le fond. Dickson à gauche, Marie à droite du spectateur. Rentrée des élèves par le fond.

Trim à l'extrême gauche, Thomas, Mme Patrice, Dickson, Jacques et Marie,

Thomas, qui est sorti un moment par le fond, rentre et offre un bouquet à Dickson, que tout le monde entoure et félicite. Il sort le premier par le fond. Tout le monde le suit.

DEUXIÈME ACTE.

Pendant le chœur, Marie et Jacques entrent par la droite du spectateur. La première est à la gauche, et Jacques à la droite.

Tout le monde entre par la gauche du spectateur. Marie, Dickson, Trim, Thomas.

Aux mots : *C'est moi*, tout le monde entoure Dickson.

Après la sortie du chœur par la gauche du spectateur, Marie à gauche, Dickson à droite, assis.

Mme Patrice entre à gauche, et se place à la droite du spectateur. Marie se place entre sa tante et Jacques, et sort à gauche. Jacques entre par la droite du spectateur, et prend le milieu. Tout le monde entre par la gauche.

M^ne Patrice à gauche. Dickson, Jacques, Marie. Après le soufflet, Dickson sort par la gauche. Le seigneur entre par la droite, et se place à la droite de Jacques.

Scène suivante. — Le seigneur tient la gauche, et Jacques la droite du spectateur.

Tout le monde entre par la gauche.

Position des Personnages.

Mme Patrice, Dickson un peu derrière, le seigneur, Marie, Jaques.

Après ces mots : *Toilette de la Mariée*, Jacques passe derrière Marie pour son *à parte* avec le seigneur, et reste à cette place.

www.ingramcontent.com/pod-product-compliance
Lightning Source LLC
LaVergne TN
LVHW022156080426
835511LV00008B/1438